달려라, 달려!

이름에 'ㄲ'이 들어 있는 동물들이 달리기를 해요. 동물의 이름을
써 보고, 이름에 들어 있는 글자가 쓰인 깃발과 연결해 보세요.

KB056751

꾀	꼬	리

코	끼	리

까	마	귀

두	꺼	비

끼

꼬

꺼

까

재미있는 책

제목에 'ㄸ'이 들어 있는 책들을 모았어요. 표지 그림을 잘 보고,
어울리는 제목을 찾아 연결한 다음, 이름을 예쁘게 써 보세요.

새콤달콤 ☆☆

폴짝폴짝 ☆☆☆

예쁜 ☆☆☆

커다란 ☆☆

딸	기

뚜	껑

메	뚜	기

머	리	띠

놀이공원으로 출발!

길을 따라가며 만나는 동물의 이름을 말해 보세요. 그리고 빈 곳에
알맞은 글자 스티커를 붙인 다음, 아래에 예쁘게 써 보세요.

뻐	꾸	기	올	빼	미	코	뿔	소

신기한 마법 나무

마법의 나무가 자라 신기한 열매가 열렸어요. 이름에 'ㅆ'이 들어
있는 것을 모두 찾아 ◯ 하고, 이름을 큰 소리로 읽어 보세요.

썰매

빵

땅콩

팔찌

쓰레받기

쌀

맛있게 냠냠

가족들이 식탁에 둘러앉아 이름에 'ㅉ'이 들어 있는 음식을 맛있게
먹고 있어요. 음식의 이름을 말해 보고, 아래에 예쁘게 써 보세요.

짬뽕

찐빵

찌개

짬	뽕

찐	빵

찌	개

카드를 모아 모아

동물들이 들고 있는 낱말 카드를 합하면 어떤 낱말이 될까요?
어울리는 것끼리 바르게 연결하고, 이름을 예쁘게 써 보세요.

감 나무

김 밥

책 가방

감나무

책가방

김밥

베개와 이불

베개에 있는 두 낱말을 합하면 어떤 낱말이 될까요? 베개 안에
있는 그림을 잘 보고, 알맞은 그림 스티커를 이불에 붙여 보세요.

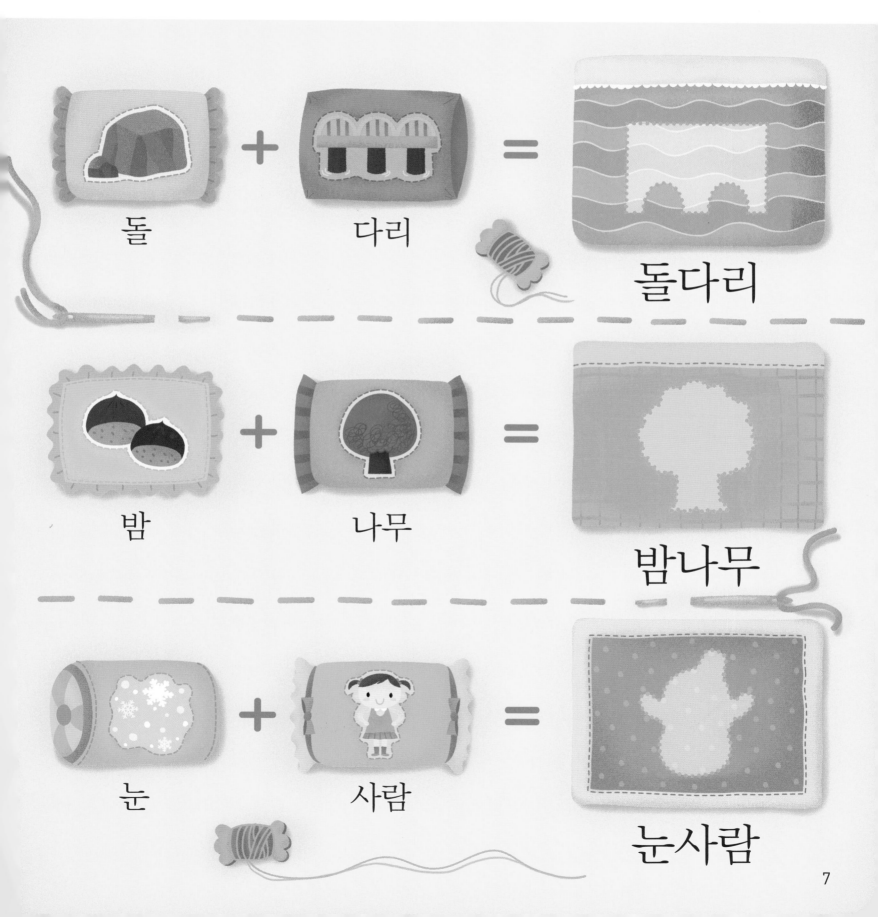

돌 + 다리 = 돌다리

밤 + 나무 = 밤나무

눈 + 사람 = 눈사람

요술 수첩

수첩에 있는 두 낱말이 모여서 새로운 낱말이 되었어요. 그림을 잘
보고, 바르게 쓰여 있는 낱말을 오른쪽에서 골라 색칠해 보세요.

얼룩　　　말

얼룩말

말얼룩

꽃　　　병

병꽃

꽃병

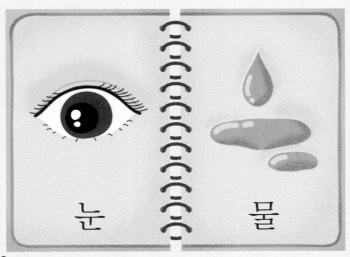

눈　　　물

눈물

물눈

합해라, 낱말!

위에 있는 낱말은 어떤 낱말들을 합한 것일까요? 아래에 있는
두 개의 그림을 잘 보고, 이름을 각각 예쁘게 써 보세요.

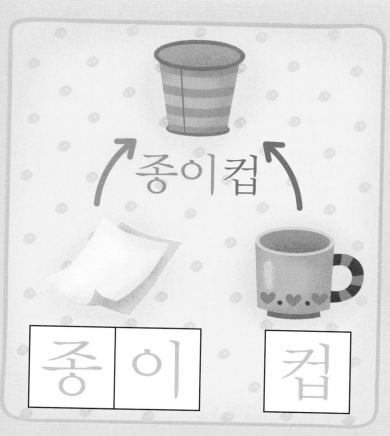

종이컵

종	이		컵

꽃바구니

꽃	바	구	니

그림책

그	림		책

사과나무

사	과	나	무

신 나는 퍼즐 놀이

친구들이 퍼즐 놀이를 해요. 퍼즐 안에 있는 두 낱말이 모여서
어떤 낱말이 만들어졌는지 말해 보고, 이름을 예쁘게 써 보세요.

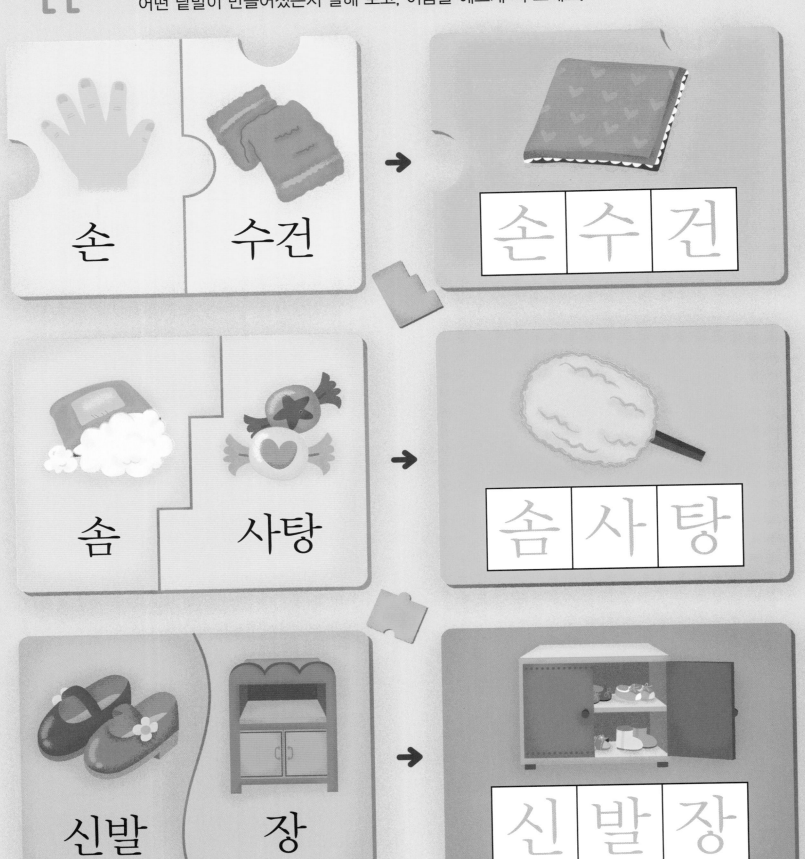

손 수건

→

손	수	건

솜 사탕

→

솜	사	탕

신발 장

→

신	발	장

책 장 → 책장

배 나무 → 배나무

손 가방 → 손가방

사파리의 동물들

사파리 차를 타고 동물들을 가까이에서 구경해요. 사파리에 어떤
동물들이 있는지 말해 보고, 이름을 예쁘게 써 보세요.

원 숭 이

호 랑 이

기 린

곰

사 자

하늘 높이 훨훨

다양한 종류의 새들이 하늘 높이 훨훨 날고 있어요. 어떤 새가
하늘을 날고 있는지 말해 보고, 이름을 예쁘게 써 보세요.

독수리

참새

까치

비둘기

부릉부릉 자동차 경주

동물들이 자동차 경주를 해요. 그림을 잘 보고 누가 어떤 차를
타고 있는지 바르게 연결한 다음, 이름을 예쁘게 써 보세요.

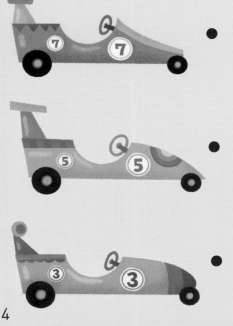

하 마

고 릴 라

얼 룩 말

꼭꼭 숨어라!

동물들이 숨바꼭질 놀이를 해요. 아래에 있는 동물 세 마리를
그림에서 모두 찾아 ○ 하고, 이름을 예쁘게 써 보세요.

여	우

악	어

거	북

15

재미있는 수수께끼

철봉

미끄럼틀

그네

시소

나는 긴 줄에 의자가 달려 있어요.
의자에 앉아 몸을 앞뒤로 움직이면
높이높이 올라갈 수 있어요.

나는 기다랗게 생겼고, 손잡이가
달려 있어요. 양쪽 끝에 아이들이
나눠 앉아서 오르락내리락하지요.

〈보기〉에 있는 낱말 찾기

보기

반지　　고양이　　고구마　　돌고래　　거울

드	치	반	지	티
고	양	이	독	수
지	돌	고	래	고
망	가	규	메	구
운	거	울	초	마

멋있는 벽 그림

꼬마 화가들이 벽에 멋있는 그림을 그렸어요. 무엇을 그렸는지
말해 보고, 모음 'ㅐ'가 들어 있는 낱말에 모두 ○ 해 보세요.

포도

치마

고래

개구리

무지개

꽃들이 활짝

화분에 있는 그림을 잘 보고, 이름이 바르게 쓰여 있는 꽃을
골라 ◯ 해 보세요. 그리고 빈칸에 이름을 예쁘게 써 보세요.

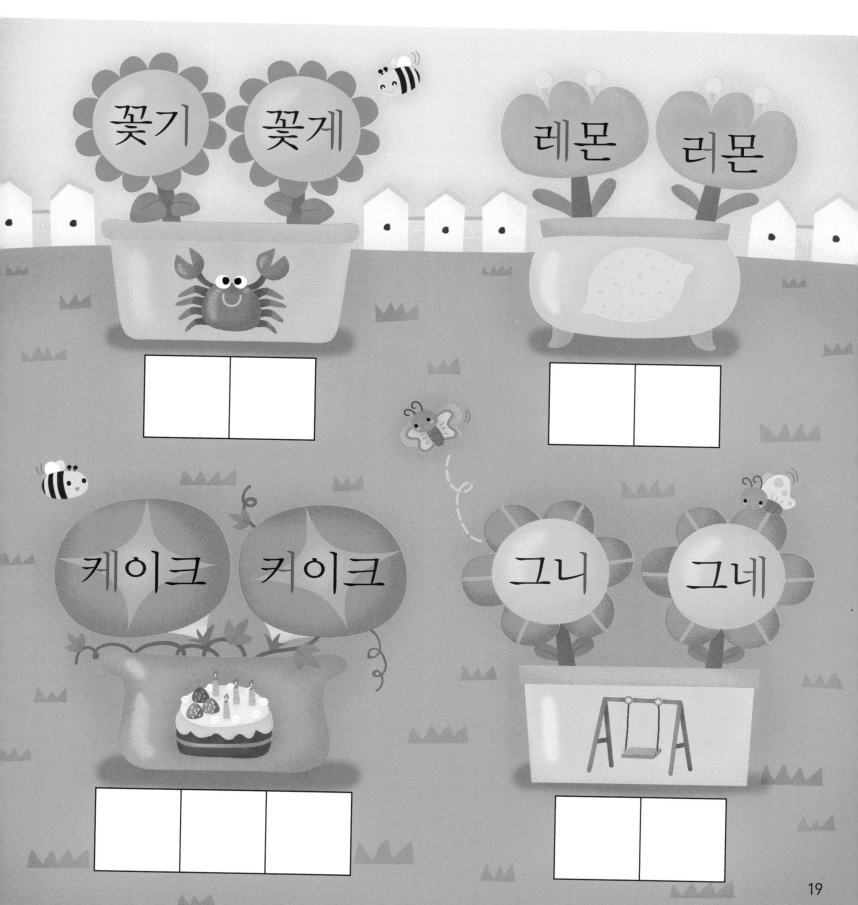

접고, 또 접고

종이를 접으면 어떤 낱말이 만들어질까요? 선을 따라 안과 밖으로
접어서 무엇이 만들어졌는지 말해 보고, 이름을 예쁘게 써 보세요.

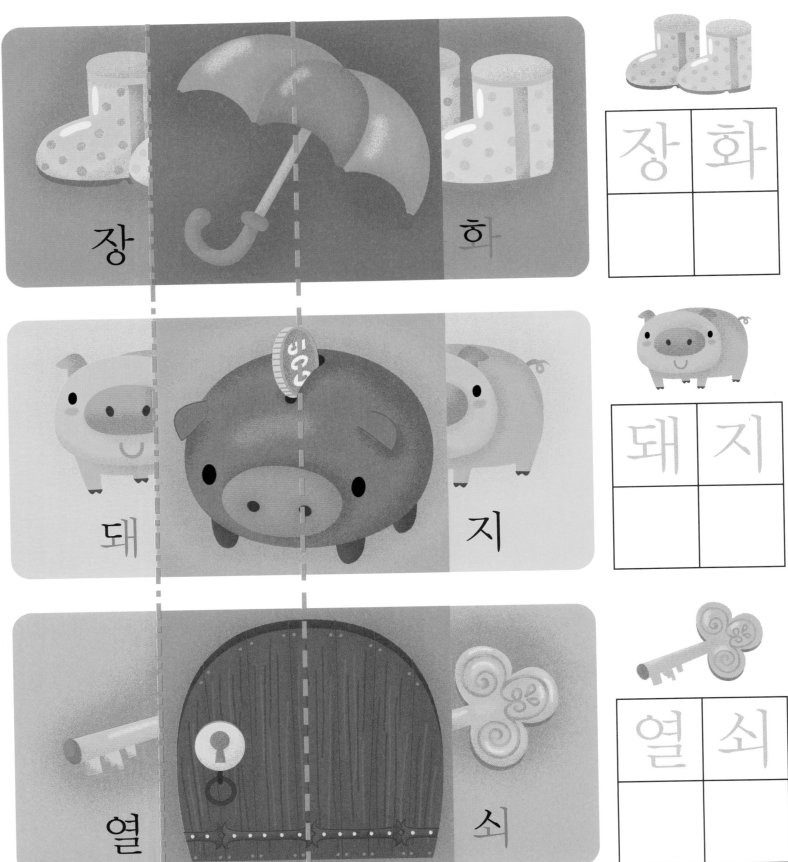

장 | 화

장	화

돼 | 지

돼	지

열 | 쇠

열	쇠

20

누가 어디에 앉았을까?

모음 'ㅟ'와 'ㅢ'가 들어 있는 낱말들이에요. 그림을 잘 보고
누가 어디에 앉아 있는지 말한 다음, 이름을 예쁘게 써 보세요.

다람쥐

바위

다	람	쥐

바	위

의사

의자

의	사

의	자

커다란 크레파스

크레파스에 모음 '궈'와 '줴'가 쓰여 있어요. 그림을 잘 보고, 그 모음이 들어 있는 낱말을 스케치북에서 모두 찾아 ○ 해 보세요.

유치원

우유

오징어

원숭이

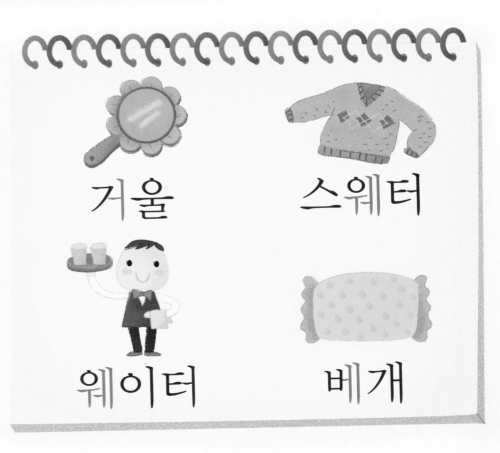

거울

스웨터

웨이터

베개

수영장으로 출발!

친구가 수영장에 놀러 가요. 그림을 잘 보고, 이름이 바르게 쓰여 있는 낱말을 따라가 보세요. 그리고 이름을 예쁘게 써 보세요.

오늘은 이사 가는 날

트럭에 물건을 싣고 이사를 가요. 물건의 이름을 큰 소리로 읽어
보고, 'ㄱ 받침'이 들어 있는 낱말을 모두 찾아 ○ 해 보세요.

거울 액자 자전거

공 로봇 책

수박 참외 딸기

내가 좋아하는 물건

내가 좋아하는 물건들을 탁자에 올려놓았어요. 이름에 'ㄴ 받침'이
들어 있는 물건을 모두 찾아 ○ 하고, 빈칸에 예쁘게 써 보세요.

우산

거울

반지

접시

연필

단추

25

동물들의 집 찾기

동물들이 집을 찾아가요. 길에 쓰여 있는 글자들을 모으면 각각
무엇이 되는지 잘 보고, 알맞은 글자 스티커를 문에 붙여 보세요.

바닷가 모래사장

꽃게 몸에 있는 그림을 잘 보고, 이름이 바르게 쓰여 있는 것을
각각 골라 ○ 해 보세요. 그리고 빈칸에 이름을 예쁘게 써 보세요.

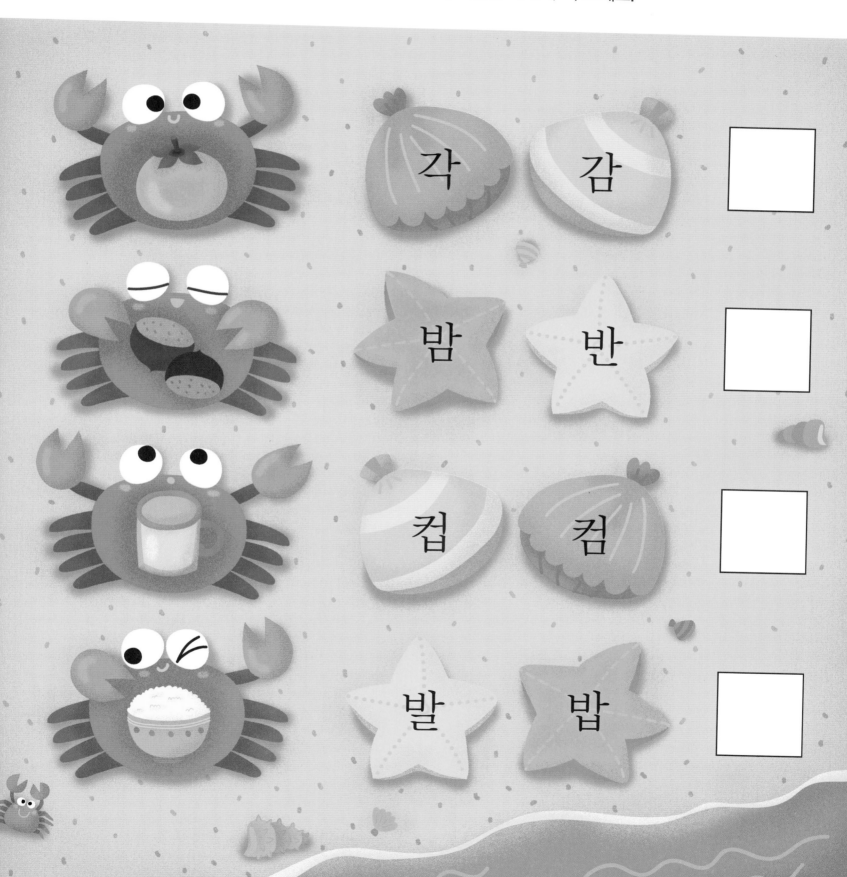

각   감

밤   반

컵   컴

발   밥

깃발이 펄럭펄럭

그림을 잘 보고, 깃발에 쓰여 있는 글자를 합하면 무엇이 될지
말해 보세요. 그리고 빈 곳에 알맞은 글자 스티커를 붙여 보세요.

동글동글 받침

동그란 공과 바퀴로 글자를 만들어요. 빈 곳에 동그란 스티커를
붙여서 글자를 완성하고, 아래에 이름을 예쁘게 써 보세요.

서

성 |

조

종 |

고료

공 | 룡 | |

따코

땅 | 콩 | |

우리 집 물건

우리 집 곳곳에 여러 가지 물건들이 있어요. 그림을 잘 보고,
무엇무엇이 있는지 말한 다음, 이름을 예쁘게 써 보세요.

참 잘했어요

시 계

텔 레 비 전

소 파

전 화 기

냄비

냉장고

주전자

식탁

찰칵찰칵 사진

내 방에 있는 물건들을 찰칵찰칵 찍어 놓았어요. 사진 속에
어떤 물건이 있는지 말해 보고, 이름을 예쁘게 써 보세요.

옷	장		
거	울		
책	상		
침	대		

깨끗하게 치카치카

치카치카 깨끗이 이를 닦을 거예요. 욕실에 어떤 물건들이 있는지
빈 곳에 알맞은 그림 스티커를 붙이고, 이름을 예쁘게 써 보세요.

비	누

치	약

수	건

칫	솔

흥미진진 수수께끼

무지개

구름

우산

장화

나는 비가 올 때 필요해요.
사람들의 발이 비에 젖지 않게
보호해 주는 신발이지요.

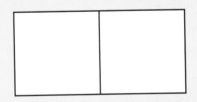

나는 비가 그치면 하늘에
떠 있어요. 빨주노초파남보
일곱 가지 색을 가지고 있지요.

다른 그림 네 개 찾기

참 잘했어요

신 나는 노래자랑

동물들이 신 나는 음악에 맞춰 노래를 부르고 있어요. 동물들의
소리를 흉내 내어 보고, 글자를 예쁘게 써 보세요.

꽥	꽥

꼬	끼	오

꿀	꿀

삐	악	삐	악

시끌시끌 탈것 세상

탈것들이 저마다 소리를 내며 달려가고 있어요. 탈것들이 각각
어떤 소리를 내는지 이야기해 보고, 글자를 예쁘게 써 보세요.

부 부

칙 칙 폭 폭

삐 오 삐 오

빵 빵

37

달리기 경주

동물 친구들이 달리기 경주를 해요. 동물들이 각각 어떤 모습으로
움직이고 있는지 잘 보고, 글자를 예쁘게 써 보세요.

엉 금 엉 금

뒤 뚱 뒤 뚱

폴 짝 폴 짝

깡 충 깡 충

재미있는 소리

친구들이 마당에 모여 있어요. 친구들이 각각 어떤 소리를 내고
있는지 이야기해 보고, 빈 곳에 알맞은 스티커를 붙여 보세요.

작은 말, 큰 말

같은 모습이나 소리도 그 정도에 따라서 다르게 표현해요. 각 그림 속의 모습과 소리가 어떠한지 말해 보고, 글자를 예쁘게 써 보세요.

성	큼	성	큼

살	금	살	금

졸	졸	졸

콸	콸	콸

무엇을 보았니?

친구가 오늘 본 것들이에요. 그림을 잘 보고, 각각의 모습이
어떠했는지 이야기해 보세요. 그리고 글자를 예쁘게 써 보세요.

알	록	달	록

북	실	북	실

꿈	틀	꿈	틀

반	짝	반	짝

같은 말, 다른 뜻

뜻은 달라도 소리가 같은 말이 있어요. 그림을 잘 보고, 이름이
같은 것끼리 ○ 로 묶은 다음, 아래에 예쁘게 써 보세요.

다	리

밤

사	과

두둥실 기구

동물들이 두둥실 기구를 타요. 풍선의 그림을 잘 보고, 두 그림에
공통으로 쓰이는 이름을 〈보기〉에서 찾아 빈칸에 써 보세요.

보기 　눈 김 굴 배

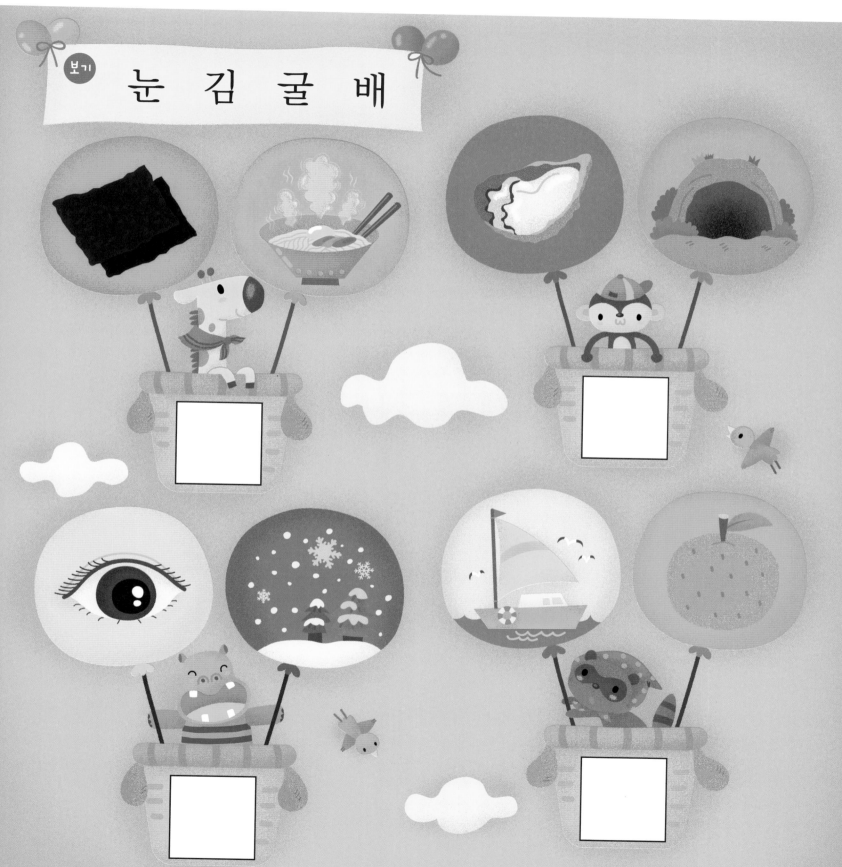

빙글빙글 공 돌리기

피에로가 빙글빙글 공을 돌려요. 양쪽의 공에 있는 그림을 잘 보고, 이름이 쓰여 있는 공 스티커를 찾아 빈 곳에 붙여 보세요.

자

풀

창

돌려라, 돌려라!

친구들이 커다란 돌림판을 돌려요. 돌림판의 그림을 잘 보고, 같은 말을 쓰는 것끼리 같은 색이 되도록 빈 곳을 칠해 보세요.

빨다

켜다　타다

타다　켜다

빨다

다른 행동, 같은 말

친구들이 무엇을 하는지 잘 보고, 두 그림에 모두 어울리는 말을
골라 색칠해 보세요. 그리고 빈칸에 예쁘게 써 보세요.

먹다　　감다

깨다　　입다

그리다　부르다

다른 것을 찾아라!

왼쪽의 글자를 예쁘게 따라 쓰고, 뜻을 생각해 보세요. 그리고
오른쪽에서 어울리지 않는 그림을 각각 찾아 ○ 해 보세요.

냉장고를 열면

우리 집 냉장고에는 여러 가지 음식들이 가득해요. 냉장고 안에
무엇무엇이 있는지 말해 보고, 이름을 예쁘게 써 보세요.

고 기

아 이 스 크 림

치 즈

계 란

우 유

행복한 생일 파티

친구들이 모여서 즐겁게 생일 파티를 해요. 식탁 위에 어떤
음식이 있는지 이름을 말해 보고, 아래에 예쁘게 써 보세요.

 케 이 크    과 자

 주 스    사 탕    빵

맛있는 도시락

동물 친구들이 소풍을 가서 도시락을 먹어요. 누가 무엇을
먹고 있는지 그림을 잘 보고, 바르게 연결해 보세요.

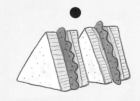

김밥　　　샌드위치　　　과일　　　초콜릿

가지가지 메뉴판

솜씨 좋은 요리사가 맛있는 음식을 만들어 팔아요. 메뉴판에
어떤 음식이 있는지 말해 보고, 이름을 예쁘게 써 보세요.

메뉴판

| 자 | 장 | 면 | 4,000원 |

| 피 | 자 | 9,000원 |

| 만 | 두 | 3,000원 |

| 우 | 동 | 3,00 |

알쏭달쏭 수수께끼

부채

나무

팽이

나는 동그랗고 끝은 뾰족하게 생겼어요. 사람들은 나를 채로 쳐서 빙글빙글 돌아가게 하지요.

나는 손잡이가 달려 있어요. 사람들이 내 손잡이를 잡고 흔들면 시원한 바람이 불어요.

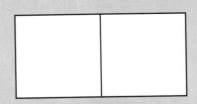

참 잘했어요

놀이터

 놀이터

재미있는 낱말 퍼즐

보기 소 코 비 수 선 기

	코	아
	뿔	
시		

	풍	
	풍	
		차

	허	
	박	
아		
나		

53

지글지글 요리

요리사가 맛있는 음식을 만들고 있어요. 그림을 잘 보고 요리사가
무엇을 하는지 순서대로 이야기한 다음, 글자를 예쁘게 써 보세요.

씻	어	요

→

썰	어	요

↓

담	아	요

←

볶	아	요

즐거운 외출 준비

친구가 밖에 나갈 준비를 해요. 그림을 잘 보고 친구가 무엇을
하는지 순서대로 이야기한 다음, 글자를 예쁘게 써 보세요.

감	아	요

빗	어	요

신	어	요

입	어	요

깨끗이 깨끗이!

온 가족이 함께 깨끗이 청소를 해요. 누가 무엇을 하고 있는지
말해 보고, 빈 곳에 알맞은 글자 스티커를 붙여 보세요.

재미난 미술 시간

친구들이 제일 좋아하는 미술 시간이에요. 친구들이 각각 무엇을
하고 있는지 말해 보고, 글자를 예쁘게 써 보세요.

오 리 다

접 다

그 리 다

붙 이 다

다양한 기분과 표정

오늘 하루 동안 있었던 일이에요. 그림을 잘 보고 친구의 기분이
어떠했을지 이야기한 다음, 글자를 예쁘게 써 보세요.

 기쁘다

 화나다

 무섭다

 슬프다

여러 가지 맛

친구들이 무엇을 먹고 있나요? 친구들이 먹는 음식과 표정을 잘
보고 각각 어떤 맛일지 이야기한 다음, 글자를 예쁘게 써 보세요.

| 맵 | 다 | | |

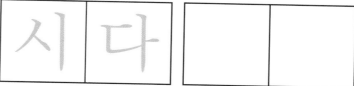

| 시 | 다 | | |

| 쓰 | 다 | | |

| 달 | 다 | | |

꼬불꼬불 미로

그림 속의 책, 옷, 가방이 각각 어떠한지 이야기해 보세요.
그리고 길을 따라가서 나오는 글자를 예쁘게 써 보세요.

더	럽	다

크	다

두	껍	다

여러 가지 느낌

친구들이 어떤 물건을 만지고 있나요? 물건을 만진 느낌이 각각
어떠할지 이야기해 보고, 알맞은 말을 골라 색칠해 보세요.

푹신하다   딱딱하다

따갑다   말랑하다

부드럽다   거칠다

뜨겁다   미끄럽다

61

아름다운 자연

우리 주변에서 볼 수 있는 아름다운 자연의 모습이에요. 그림에
무엇무엇이 있는지 말해 보고, 이름을 예쁘게 써 보세요.

하늘

구름

바다

산

땅

변덕쟁이 날씨

날씨가 이랬다저랬다 변덕을 부려요. 그림을 잘 보고, 각 날씨와
어울리는 낱말을 〈보기〉에서 찾아 빈칸에 예쁘게 써 보세요.

보기 바람 눈 번개 비

두근두근 우주여행

〈보기〉와 같은 순서로 선을 이으면 멋진 그림이 나타나요. 순서에
맞게 선을 이어 보고, 어떤 그림이 나타났는지 말해 보세요.

보기 ☀ 해 → 🌙 달 → ⭐ 별 → ☀ 해 → 🌙 달 → ⭐ 별